# ABEJAS NOCTURNAS

## ADELA SOTO ALVAREZ

ISBN: 9798608253720

Autor.@ Lic. Adela Soto Álvarez

Revisión. Adela Soto Álvarez

Diseño de Portada. Adela Soto

Edición. Adela Soto Álvarez

Número de páginas. 109

LA HABANA-CUBA 1997

Publicado por Amazon.com

MIAMI- 2020 (Fotos de archivo de Inter.)

*El más terrible de los sentimientos es el sentimiento de tener la esperanza perdida.*

Federico García Lorca

*En algún lugar del alma se extienden los desiertos de la pérdida, del dolor fermentado; oscuros páramos agazapados tras los parajes de los días.*

Sealtiel Alatriste

## PROLOGO

**ABEJAS NOCTURNAS,** es el título de un trabajo periodístico llevado a la narrativa por la periodista y escritora cubanoamericana Adela Soto Álvarez en Ciudad de La Habana Cuba en 1997, sobre la juventud cubana, su deterioro espiritual, y abulia ante la situación tan escabrosa que ocasionó la caída del muro y la rotura con la Unión Soviética.

Esta situación llevó a muchos a encuadrillarse en las aceras sin voz ni voto, enajenados y anhelando el único porvenir que no es otro para ellos, que la obtención de dólares a como dé lugar.

Aquí es donde comienza el jineterismo que azota con todas sus fuerzas a esa parte de la sociedad caribeña, que comenzó a perder los valores y a vender sexo a cuánto extranjero llegara a la isla regresando al viejo oficio de la prostitución sexual, por una cantidad por ínfima que fuera de moneda dura.

Aquí también surgen los llamados chulos o proxenetas que son lo que ayudan a la manada a conseguirse un buen partido y mantenerse al tanto a la hora del pago, que no sean utilizadas de forma gratuita.

Este deterioro de la Cuba de hoy a dejado muchas aristas internacionales, donde se promociona que las mujeres cubanas son presa fácil y que se conforman con cualquier cantidad de verdes, o un obsequio material por insignificante que sea.

La mala fama de las prostitutas en Cuba afecta a la visión que el resto del mundo tiene del país y de su cultura.

Como todo en Cuba, la historia de las prostitutas, llamadas jineteras tiene motivos políticos, económicos y psicológicos que se ha enraizado de forma vertiginosa.

*ADELA SOTO ALVAREZ, Escritora cubanoamericana, Periodista, Guionista. Editora, Diseñadora, Productora, Poeta, etc. Ganadora de múltiples premios nacionales e internacionales en diferentes géneros de la literatura hispana. Sus últimos galardones los fueron primer premio en poesía con el libro DIAS ANIMICOS Y ANEMICOS,*

Concurso El Heraldo 2002, Primer premio en novela con la obra LAS MOLES DEL SILENCIO, 2016, y premio "Consuelo Suncín de Saint-Exupéry". Modalidad libro infantil y juvenil 2019. Paris-Francia. Con la obra EL VIAJE DE SAPITO SAPITON. Entre otros.

No es fácil abordar un tema tan complicado como lo es la juventud cubana, pero cuando analizamos la pérdida de valores éticos de nuestra sociedad y comparamos la inmensa crisis general en que vivimos, su magnitud nos aplasta. Entonces es cuando reflexionamos sobre el verdadero significado de esa palabra, y nos damos cuenta de que su distorsión es alarmante, y que merece un análisis bien profundo

Lógicamente sería muy cómodo dar respuesta remitiéndonos a su etimología, pero en este caso es honesto especificar sus pros y sus contras, por lo que también tenemos que retomar experiencias y realidades para no fragmentar el contexto discursivo que merece el tema y poder hacer una amplia panorámica de este tramo de la vida del hombre.

Comenzaría por decir que la juventud en Cuba transita llena de miedos, impotencias, odios, desigualdades, represiones, sofismas, desesperanzas y sin autoestima e identidad, y donde la evasión y la melancolía no son solamente su dardo punzante, sino también su arma letal.

El promocionado Hombre nuevo, a través del propio proceso histórico no solamente es una utopía, sino que ha engendrado un nuevo híbrido de robot con zombis, sin más ideología que la marxista.

Esta doctrina impuesta que muchos aceptan o fingen aceptar, más por temor que por convencimiento propio, los va dejando sin espiritualidad y así se les ve aferrados a un dogma artificial, manipulados por el gobierno de Castro, como los más conscientes políticamente, sin darse cuenta de que son usados y manipulaos para encumbrar protagonismos, por eso siempre van al frente de cualquier acto de reafirmación ideológica.

Y es natural que muchos lo hagan, pues están seguros de que de lo contrario perderían la especialidad universitaria y sus vidas fueran más drásticas.

La mayoría de estos jóvenes han nacido y crecido bajo el impacto de las transformaciones económicas, la violencia doméstica, las divisiones de clase, la locura, y el escepticismo, por eso malviven sin paz, con innumerables carencias espirituales y materiales agudizando la baja autoestima.

Un bajo por ciento hace todo lo posible por sobrevivir en el camino correcto, y conservan sus valores éticos y estéticos y no permiten que el mal penetre. Otros van a parar a los centros de psiquiatría y psicología, presentando enfermedades bipolares, esquizofrénicas, depresivas, alcohólicas, abulimia, mitomanía, voyerismo, y otras, lamentablemente, esto es una gran realidad, también los hay vagando o jugando dominó chapas, u cualquier juego ilícito o no. Lo que constituye el caldo de cultivo de la corrupción, la delincuencia y la alta población penal resultante, sobre todo entre mestizos y negros.

Algunos buscan la salvación a través de la práctica religiosas en organizaciones católicas, protestantes, africanas o en las ciencias ocultas.

El resto se asfixia dentro de la rebeldía incontrolable y la violencia, y creen calmarla ahogando la impotencia en el alcohol, la droga, el robo, la prostitución o cualquier acto indebido de la soberbia sublimada.

La desesperanza y la frivolidad de estos jóvenes se pueden palpar en cualquier lugar de la isla y no sólo en las zonas marginales, sino en barriadas selectas, donde reside la alta jerarquía política.

Así se ven en las equinas de la perdición, apostando a la suerte, o haciendo cabriolas en el aire, satisfaciendo sus más mínimas carencias con la mirada perdida en el horizonte de la inmadurez, sin encontrar antídoto para su incurable mal.

Yo diría que la juventud cubana no es más que un barco a la deriva, sin timonel, ahogada en la rutina callejera, y dedicada por falta de opciones a ser protagonista de las peores desventuras, entre ellas los actos peligrosos y sancionables, los que le permiten elevar la autoestima perdida y sentirse alguien, aunque sean un delincuente más, pero seres humanos.

Por eso aumenta cada día el índice de asesinatos, estupro, robos, asaltos, jineterismo y vandalismo entre otros, perpetrado por jóvenes nacidos bajo el supuesto socialismo, inmune e intocable que impera en la isla caribeña.

La mayoría de estos jóvenes viven bajo rigurosos esquemas de rencor, agresividad, egoísmos y temores domiciliarios, como resultado de los malos métodos que les aplican desde muy tempranas edades en el hogar y en los centros educacionales, y por los diferentes medios de difusión masiva, más dedicados a engendrar el odio que a perdonar y a creer en el hombre.

Estos mecanismos no sólo han provocado la alta pérdida de valores que reina en las calles del país, sino que han sido el motor impulsor de las falsas concepciones que tienen sobre el futuro y los cambios sociales.

El régimen cubano no ha valorado, o no quiere valorar lo fatal que resulta para la supervivencia y el desarrollo de los jóvenes reducir lo espiritual a lo político y a lo material, sin sólidas convicciones, y carentes de todo tipo de conocimientos generales.

Por eso un alto por ciento se suma a la esperanza de alcanzar el sueño anhelado ante tanta desigualdad social, seguros de que el futuro sólo existe fuera de la isla y con la tenencia de divisas.

Por estas mismas razones arriesgan sus vidas en diferentes aventuras marítimas. Lo mismo en embarcaciones sin condiciones, ni seguridad, que los saquen del laberinto, con turistas o traficantes de sexo barato, y cuando menos aferrados a la suerte del sorteo para emigrar, con el único objetivo de encontrar la libertad que les usurpan.

Luego de analizar estas realidades sobre la juventud cubana, podemos asegurar que el formalismo y la abulia son las únicas opciones que tienen los jóvenes en la isla, ante los innumerables problemas existenciales que enfrentan.

Las palabrerías y el fanatismo no son buenos ejemplos para las actuales o nuevas generaciones, ni siquiera para los tupidos y ciegos de espíritu.

Se conoce que en una encuesta realizada entre jóvenes de 14 a 25 años, sobre la problemática cubana y qué necesitan para ser felices, reveló que solamente el 30 por ciento precisa y valora los componentes espirituales, el resto se inclina con mayor énfasis a lo material, llegándose a la conclusión que para un joven cubano dólares es sinónimo de futuro y la felicidad, es como la línea del horizonte que cuando se trata de alcanzar se hace cada vez más distante y huidiza.

Por todas estas razones muchas cosas son las que sucedieron cuando en los años noventa el periodo especial u opción cero azotó la economía del pueblo.

La situación económica, la escasez y el supuesto bloqueo agudizaban la miseria en todos los hogares de mi país.

Había caído el muro que nos sostenía y estábamos obligados a regresar a la edad de piedra. Las necesidades nos invadían por dentro y por fuera. No había nada, no quedaba nada, entre ellos el combustible para cocinar lo poco que se encontraba en la bolsa negra.

Por orden superior se habían cerrado todos los mercados donde se adquirían fuera de la canasta básica algunos productos para combatir la hambruna.

Los productos normados no llegaban en tiempo a los comercios destinados para su adquisición. Tampoco en los comercios industriales había calzados, ni ropa de vestir y lo peor de todo la enfermedad invadía a niños y hombres, y se veían caer a diestra y siniestra ante la falta de medicamentos.

Muchas muertes sucedían a diario, muchos niños quedaban en el campo por falta de un antibiótico, o un suero de glucosa y todo esto se unía a los constantes apagones por más de ocho horas ante la falta eminente del petróleo.

Las calles en penumbras expuestas a los malhechores, a los necesitados, y a aquellos que no sabían esperar por el tiempo y preferían perder los valores humanos con tal de sobrevivir de la época y sus consecuencias.

Por todas estas razones, después de tantos años de fundada La Habana Vieja, conocida por todos como Patrimonio de la Humanidad, nos detenemos a mirarla tristemente, y la vemos ahí con su inigualable olor a madera antigua, sus timbiriches de sobrevivencia, donde lo mismo venden una pizza secreta, que un pan con "averigüe", o una infusión de hierbas milagrosas, gracias al hambre y la ingenuidad de sus moradores.

Aunque también en este lugar están las gestiones gastronómicas para turistas del conocido Eusebio Leal, fiel hombre a las órdenes de la nomenclatura gobernante, que recauda fondos en divisas para esto y sus bolsillos como es natural.

Todo parece perfecto si no caminas hacía en interior del país, donde la realidad se alza majestuosa.

Por suerte los turistas solamente visitan la parte privilegiada, y ven los negocios del cuentapropismo como una posibilidad novedosa y de futuro, sin saber que detrás se esconde la mano del verdugo  que los explota peor que a los esclavos.

Todo esta época que les narro fue terrible, como para recordar de por vida, incluso después de la despenalización del dólar se perdieron aun más los valores humanos y dentro de ellos como es natural se encontraba la juventud, la que dejó de tener opciones recreativas, pues todo paso al área de la divisa, provocando esto que la inexperiencia de a pie, (bajos recursos) tuviera mucho más tiempo libre para los malos pensamientos, los que llegaron a ser tan macabros que cuando uno piensa en ellos se horroriza.

Y esto ocurrió, porque no todos se adaptaron a acuadrillarse frente al televisor sábado por sábado en espera de un buen filme, o programa de participación. Pues en Cuba se adolece mucho de este tipo de entretenimiento, ya que la programación se rige más por patrones de corte ideológico y político que a refrescar y entretener las turbadas mentes.

La otra opción que les dejaron fue la acera a la que acudían llenos de abulia, y entre un ensarte de mentiras piadosas y no piadosas se iban inmiscuyendo en el cruel egocentrismo que muchas veces los llevó al alcohol y la drogadicción.

Otros de estos jóvenes encontraron una buena distracción en el sexo, el que cogieron como hobby, sin amor, ternura, condiciones o conocimientos en educación sexual, así se les veía sin protección ni sentido deambulando por la vida.

Supe de infinidad de casos que utilizaban los albergues estudiantiles como posada, donde unos velaban a los otros, y en las mismas literas donde dormían, practicaban su sexualidad inexperta y torpe, la que no más de una vez condujo a adolescentes femeninas a la frigidez incurable y al vaginismo, todo producto de las manipulaciones sin imaginación ni conocimientos en este campo tan complejo en la pareja.

Esta práctica también provocó que los varones se convirtieran en maquinarias sexuales, y en machistas empedernidos.

La mayoría se negó a continuar los estudios y prefirió la calle y al sálvese quien pueda, todo era correr tras los ómnibus del turismo, o a la puerta de los hoteles cinco estrellas y pasarse todo el día a la caza.

El sistema de turismo sexual en Cuba ha sido para las mujeres una vía para sobrevivir en la sociedad comunista. El gobierno ha utilizado los cuerpos de las mujeres, que se dedican a la prostitución, para conseguir dólares para apoyar y estimular la economía. Durante de los regímenes de Batista y Castro el papel de las prostitutas ha cambiado, al mismo tiempo que su imagen.

Un ejemplo relevante para entender la percepción de las prostitutas en Cuba es el cambio de la palabra "prostituta" a "jinetera". Antes de la revolución de 1959 las mujeres que vendían sus cuerpos a extranjeros por dinero eran consideradas prostitutas, o simplemente putas. Estas mujeres tenían una imagen muy negativa en la sociedad. La idea de la prostituta cambió a causa del "Periodo Especial," en el cual nació una nueva generación de prostitutas: las jineteras. Jinetera viene de la palabra "jinetear" que significa "montar a caballo", y hace referencia al modo en que estas mujeres jinetean a los extranjeros para obtener productos básicos y mantener a sus familias. Esta transformación del lenguaje manifiesta un cambio en el significado y en consecuencia, a transformación de la imagen de la prostitución.

Ver esta situación era denigrante para cualquier persona con valores, pero nadie podía ponerle el cascabel al gato.

Hubo muchos casos de jóvenes de buenas familias incluso profesionales que después de cumplir con el trabajo salían a las calles en busca de moneda dura para poder palear la situación económica y social.

Normita la hija de Marilú mi vecina fue una de las que engrosó las filas del jineterismo, por miseria y por engaño. Su necesidad e inmadurez se conjugaron para ser presa fácil de un momento de desespero.

Una mañana de noviembre bajo un intenso frío, la vi muy tempranito recostada a la verja que daba paso al portal de la vivienda donde residía con su hermana menor Zoraida y su madre Marilú.

Me le acerqué preocupada, preguntándole qué le sucedía. Primero me dijo que nada, después decidió contarme con pocas palabras, que necesitaba un vestido nuevo y un par de zapatos para asistir a una entrevista de trabajo, pero no tenía dinero para comprarlos.

No comprendí bien su respuesta, pero le seguí la conversación para obtener mejores datos de la entrevista, pues ella solamente tenía quince años, y no era posible pues debía tener diecisiete para comenzar a laboral.

A los pocos minutos del intercambio de palabras me dijo que un taxista que trabajaba en el hotel y muy amigo de un extranjero que tenía un negocio de fotografías para una revista europea le había ofertado un trabajo por 100 dólares la noche, que solamente era posar para unas fotos en trusa más o menos por dos horas, pero que si no iba presentable no le darían el empleo.

Le pregunté que sí su mamá sabía de eso, y me contestó afirmativamente, aun así, pensé que era mejor yo misma decírselo y aconsejarla de las posibles complicaciones del asunto.

Por lo que fui de inmediato a casa de Marilú y se lo enfoqué de forma inteligente pues, aunque teníamos confianza suficiente para tratar cualquier situación, sabía de su escasez mental, y de las necesidades perentorias que flagelaban su hogar.

Marilú mucho más entusiasmada que la hija me afirmó que la oferta era un negocio redondo, después me relató los por qué y por cuánto de la trama y hasta me afirmó que su muchacha tenía condiciones para modelo, además muchas chicas se casaban con extranjeros y se iban para otros países, y quien quitaba que su niña le gustara a los dueños del negocio de fotografías y ahí encontraba su futuro, con intentar no perdía nada y la suerte era loca y a cualquiera le tocaba.

Después me comenzó a poner ejemplos, de que si Julita y Martica, eran modelos en México gracias a la ayuda de un mexicano que vino de visita y las conoció por casualidad.

De qué si Olga se casó con un francés, que, si Lourdes la mantiene un alemán, en fin, tantas cosas dijeron que no sabía ni como convencerla del peligro que podía estar corriendo su hija.

En parte lo de modelo de ser cierta la oferta era posible, quince años recién cumplidos, alta, delgada, de buen cuerpo, pelo negro largo, ojos verdes, coposas pestañas, y un cutis suave como una rosa, pero lo que no comprendía Marilú era que a pesar de todas estas cosas tenía muy corta edad, experiencia y sabiduría para enfrentar la manada que se le avecinaba.

Normita llegó en el momento menos esperado de la conversación, y con mucho ímpetu me pidió que no me metiera en sus asuntos privados, que ella hacía con su vida lo que le viniera en gana, que yo era una envidiosa. Todo esto acompañado de una avalancha de palabras obscenas.

Pues bien, nada se podía hacer en este caso, y si ella lo aceptaba junto a la madre, mucho menos, además me di cuenta perfectamente que el factor dólar había aturdido las entendederas de estas dos mujeres, por lo que decidí regresar a mi hogar y no volver a meterme en problemas de nadie.

Pasaron varios días de este incidente cuando una mañana sentí unos fuertes gritos de auxilio que venían de la calle. Así fue como supe de la muerte inesperada de Normita, había ingerido gran cantidad de salfumante y psicotrópicos para que su expiración fuera segura.

En el sepelio Marilú me contó con detalles todo lo sucedido en el negocio redondo. Al fin el mismo taxista, consiguió el vestido y los zapatos, así como un montón de alhajas propias de la ocasión y se fue para el debut en horas de la noche.

Allí tuvo que posar desnuda por más de cinco horas de tomas fotográficas y video, después tuvo que realizar pornografía con tres hombres y dos mujeres, el final fue ser violada por el dueño de la acción, que antes de pagarle los 100 dólares le dijo que si no se dejaba hacer el sexo con él  no le pagaba lo acordado.

Normita había caído en un negocio de tráfico de sexo el cual desquebrajó su inocencia y psiquis. Había sucumbido por necesidad económica en las garras de un taxista proxeneta que resolvía la suya a la caza de los extranjeros que viajan a la isla en busca de muchachitas incautas, con el objetivo de acumular fondos para sus bolsillos y calmar sus aberraciones a bajo costo.

Lo cierto fue que Normita después de enfrentarse a la jauría y cobrar los 100 dólares acordados, no tuvo más salida que el suicidio.

La muerte de esta muchacha me puso los pelos de punta y la ira en el superlativo.

Era increíble pero cierto como el día y la noche, que la mayor parte de la juventud de mi país, sumida en la indiferencia, y las necesidades, tambalea en la cuerda floja de la peor de las soluciones.

Todo me parecía aberrante, y tan insólito, que preferí salir de casa, e irme a dar una vuelta por las tiendas del Boulevard.

Dando vueltas estuve por varias horas, hasta que para terminar de relajarme me senté en un banco del parquecito que bordea la calle principal y de donde lo observas todo quieras o no.

Desde donde estaba sentada pude ver la azotea de una de las viviendas aledañas a Martica la sobrina de Lola la madrina del hijo de los Gracias, apodada la buscavidas, pues se pasaba las horas a pleno sol a la caza de los barcos que llegaban al puerto, y los ómnibus de turistas que entraban y salían de la Catedral.

A ella no le va mal, porque en su vivienda, gracias a las gestiones de su hermano Luis, y Jorgito, y la de ella misma últimamente están entrando buenas sumas de divisa y dinero nacional, incluso ya no permite que nadie la llame Negrita, ahora cambio su apodo por "Mulatica de salir" gracias también a las extensiones de trencitas que le trajó de regalo su novio canario y las cremas milagrosas que usa descompasadamente alisando su piel canela.

Su buena suerte la ha llevado a ser experta en asuntos de conquista y maestra  de las que llegaban del interior del país a sumarse al infortunio, por lo que  en menos de 6 meses ya ha impartido 6 cursos, graduando de jineteras con mayúsculas a más de 70 muchachas entre 17 y 20 años.

Cerca de la Bodeguita del Medio, aunque la zona es magistral, gracias a las gestiones del gobierno para cazar turistas y enmascarar la realidad del país, el buen observador puede divisar, aunque muy bien enmascarada, la mendicidad resaltando en sus esquinas y la mayoría de sus habitantes indiferentes, repletos de carencias materiales y espirituales. Pero dispuestos a llegar hasta las últimas consecuencias, con tal de cumplir con el plan que se han trazado para sobrevivir de la crisis total que los consume.

Dentro de estos hombres y mujeres cubanos como es natural  están los más jóvenes  que por una u otra causa les ha tocado una de las partes de este lamentable bache social, y que sin opción han tenido que tomar el camino del detrimento espiritual, solamente por salvar su estómago y el de sus familiares en muchos casos.

Entre cigarros de Marlboro, Ron, chicles, ropa elástica, zapatos de siete leguas, y madera, haciendo las veces de zancos. La mochila o giba sobre la espalda, y el exceso de colorete para esconder la palidez y el decorolo de las malas noches y el desgaste corporal a causa de la venta de sexo al por mayor, se encuentran "Las abejas nocturnas" que van de calle en calle asediando las entradas de los hoteles cinco estrellas, centros turísticos, o cualquier lugar de acceso extranjero.

Una copiosa agua me hizo huir del lugar, y como me encontraba cerca, decidí llegarme a casa de Martica, allí me cobijaría de la lluvia, de todas formas, con la muerte de la hija de Mariluz necesitaba distracción, aunque fuera conociendo bien de cerca, la hecatombe humana.

Eran las cuatro de la tarde de este día, por suerte dejó de llover, por lo que después de saludarla continúe mi camino hacia la Catedral  con el objetivo de hacerle varias oraciones ante Jesús a la pobre hija de Mariluz y observando de muy cerca lo inaudito.

 Un buen grupo de estas jovencitas se disponía a esperar en la zona de la Catedral la llegada de los turistas que hace un buen rato están visitando la Iglesia Mayor.

Entre ellas esta Marley. La hermosa muchacha hija de Conchita Perdomo, mi maestra de música.

La que fue criada con mimos y cumplidos, y que, a pesar de estar graduada en leyes, el salario no le alcanza para sobrevivir y después de terminar en la oficina del Registro Civil, se monta sobre su destino.

También vemos tristemente a Karen, con su largo pelo sobre la descubierta espalda. Tiene 18 años, pero hace dos que se dedica a lo mismo. Sobre todo, fuma descompasadamente sin importarle otra cosa que no sea "tener un buen día".

Mery la acompaña nerviosa y preocupada, pues hace pocos días la policía nacional, hizo una recogida terrible, y un buen número de ellas fue a parar a una granja de rehabilitación.

Después las sacaron a todas, y les aconsejaron hacer las cosas con cuidado, pero ella tiene terror a que la "pesquen" porque su mayor vicio son los italianos y no piensa dejar de buscarlos. Le parecen más sexy, más interesantes, además son mucho más espléndidos a la hora del pago.

Matilde es otra de las jovencitas que se encuentra asediando este lugar. Es hermosa, su esbeltez es de admirar. Bello rostro, y una tersa piel que combina con sus grandes ojos azules, exquisito manjar para los turistas europeos, pero cuando la observas bien te das cuenta de que su bello rostro esta lánguido por el llanto que no la deja realizar bien su función de caza.

A ella especialmente le ha costado mucho trabajo aprender el negocio, a pesar de los cursos que imparten en diferentes casas de citas habilitadas en La Habana para estos menesteres.

Reina la estimula a caminar, y ella se empeña en confesarle que no es prostituta, aunque muchos la llamen así, por eso no deja de decirle:

-Soy una muchacha con muchas necesidades. Me crie con mi abuela y siempre me gustó tener lo mío…Soy del campo y el campesino se acostumbra a lo bueno. Por eso cuando te pasas unas semanas tomando y comiendo bien en la capital no quieres regresar a tu pueblucho. Empecé en Varadero. Una amiga me llevó.

Después me trajo para acá, aquí es más fácil, te paras en el Malecón o aquí mismo y enseguida un turista te recoge, además haces más dinero, porque hay más visitantes, pero a pesar de que lo hago, aun me quedan prejuicios, y siento mucho dolor cuando la gente me mira y sabe en lo que ando.

A su lado están otras muchachas casi adolescentes que quieren decir y decir todo lo que les ahoga. Entre ellas hay una que se oculta tras las otras, y pide de favor que nadie comente de su presencia en el lugar.

El grupo la mira alarmado, quieren saber, por eso decide comenzar a aclarar el por qué esta oculta. Por lo que disimulando arreglarse los calzones, se mete tras un grupo de lienzos en venta para no ser vista, pues afirma que la persiguen.

Entonces sin preámbulos comenta que hace una hora terminó, pues se pasó la noche con un francés y se oculta para que un joven de pulóver azul que la está persiguiendo no la vea y poder quedarse con la ganancia de ese día.

-Es Juan Carlos, mi chulo. - aclara, - pero quiere que se lo de todo, y eso no.

Pase muy mala noche de sexo en sexo, para que venga ahora fresquito y me lo arrebate todo.

Ya le dije que me deje en paz, pero insiste, que el único que puede chulearme es mi hijo, por eso me metí a jinetera para que nada le falte.

Mi mamá me lo cuida, tiene cinco años, pero yo tengo que buscar el dinero. Estoy interesada en un hombre que trabaja en los muelles, él sabe a lo que me dedico, si después que haga algún dinero se decide, a lo mejor dejo todo esto y me formalizo con él.

Aquellas palabras de la jovencita hacen que el resto de las presentes comiencen a decir, y allá va Dailin, con su relato sin ningún tipo de inhibición, contando que nunca le intereso a su familia, pues su mamá vive con un borracho que no deja de meterse en su vida, pero ella no le hace caso.

La violó cuando tenía 13 años, y la madre no le creyó, culpando a un noviecito que tenía en aquel entonces más joven que ella.

Luz Marcia, la joven holguinera interrumpe con tristeza, comentando que existen muchos padres que envían a las hijas a la capital a jinetear. También conoce a esposos que lo hacen. No es su caso, pero el de Aidita sí, el padre la mando a la capital con una familia dedicada a eso. Y Gloria María fue otra que vino porque el propio marido la trajo a lo mismo.

Laura escucha todo sin pronuncia palabras, pero se le ve en los ojos el deseo de exponer como las demás sus criterios, por eso camina de un lado a otro esperando poder hablar.

Al fin se detiene junto a la rueda que hacen las jovencitas alrededor de Luisita y le reafirma a Luz Marcia:

-Todo lo que dices es cierto, en este mundo pasan muchas cosas, por ejemplo, a mí me explotaba un viejo que después de acabar conmigo vendiéndome a cuanto europeo llegó de turista, quería que me dedicara a los Africanos, pero a mí nunca me han gustado. Por eso me fui con Pepe, el por lo menos no me obliga, aunque tengo que darle la mitad de todo lo que hago en la noche.

Claro él sabe que el extranjero desde el primer momento que sale con uno está en su pleno conocimiento que tiene que ayudar con fulas. A algunos lo les importa ni cómo te llamas, solamente quieren exprimirte sin compasión, aunque no pagan mucho por eso de la fama de qué las cubanas nos vendemos hasta por un plato de comida.

Muy cerca sentada jugando con unas hojitas del lugar, esta Teresa la jovencita oriental que hace unos días cumplió los dieciséis, pero aspira en sus sueños adolescentes casarse como dios manda y dice a la concurrencia con mucho entusiasmo.

-En marzo viene un madrileño a casarse conmigo. Tiene 59 años, pero a mí no me importa, como si tiene 80. El viejo está forrado en divisas, es dueño de un tremendo negocio en varios países, y a mí lo que me hace falta es comprarle una casa a mi madre.

Hasta ahora vivo bien tengo mis trapitos, de cuando en cuando le envió algún dinero a mi familia, diciéndole que me va bien en el trabajo en la tienda para turistas donde para ellos supuestamente trabajo y ellos contentísimos me lo creen y ni averiguan.

Yoali es menos soñadora y sin alabazas le contesta:

-Por lo menos vas a salir de esto en cuanto te cases, porque realmente aquí uno no gana lo que piensa la gente. -

 A veces no te pagan, otras te golpean y te obligan a hacer pornografía, a tomar drogas para hacer cuadros, en fin, te degradan como mujer y a ¿quién te vas a quejar? -

Nuria al escuchar aquellas palabras, mira al horizonte, pero conforme y cuenta su experiencia:

-La primera vez que lo hice no se me va a olvidar nunca. El turista me pagó 10 mil liras.

Pensé que era mi día y llena de alegría corrí a cambiarlas. Por poco me muero cuando me devolvieron por el cambio cinco dólares con sesenta y cinco centavos.

Al verme sin dinero, y sin poder pagar el cuarto, tuve que pedirle ayuda a Dalia, ella me llevó para casa de Finita, allí me cuidan, y no dejan que me timen.

Norma salta enfurecida diciéndole que eso le pasó por no ponerse precio.

- Mira yo cobro l00 dólares por hacer el amor natural, sin strip, ni fotos, y mucho menos grupos. A veces 600 dólares por estar con dos mujeres y un hombre. Pero esto lo hago poco, no me gusta, solamente cuando tengo una necesidad económica extrema. A veces hago cincuenta dólares de multa y me voy.

¿Multa? Le pregunta la jovencita extrañada, ella sonríe y le dice: - Multa es cuando uno le pide al turista que te pague un trago y no lo consumes y te quedas con el dinero.

O si te da un billete grande y no le traes el vuelto. Claro que si te agarra ya sabes, lo que te pasa, tienes entonces que hacerlo con él varias veces, a la fuerza y sin cobrarle ni un sólo centavo.

Irene interrumpe y cuenta lo que hace para evitarse dificultades: Yo para no tener problemas de multas, y otra cosa, tengo fijo a un anciano que viene todos los meses y me paga 100 dólares solamente porque lo acompañé a beber. De vez en cuando me toca, pero eso no importa. El novio que tenía lo tuve que dejar porque cuando supo en lo que yo estaba se quiso volver proxeneta y conmigo no va eso.

No vez que empiezan suave, y despúes si no les das bastante dinero te quieren matar, como le sucedió a Líen que amaneció muerta el domingo en el CUPET de Malecón y 1ra.

Arminda admite que ella jinetea porque gana más que en el hospital donde trabajaba limpiando piso ocho horas.

Terminó el 12 grado y no le dieron carrera. Por eso decidió esta vida, afirma que es mejor que vivir de limosna. Además, en este país que todo es en divisa que otra cosa puede hacer para tenerla. No tiene familia en el extranjero, por lo tanto, adolece de remesas.

Hildeliza escucha todo lo que han dicho sus compañeras de infortunio, y mira con temor para todas partes, pero al fin habla:

-En estos momentos la cosa esta muy mala, porque antes la policía nos ayudaba, solamente con darles cinco fulitas nos dejaban campear por esta zona, ahora las leyes quitaron esta posibilidad, y aunque algunos se atreven, yo tengo pánico a que me lleven presa. -

Liana concluye afirmando que nunca pensó ser jinetera, pero cuando vio sus sueños de ser médico en el barranco, sin opciones decidió irse del pueblo donde vivía con su familia y venir a la capital en busca de futuro. Le faltaron cuatro décimas para que le otorgaran la beca para estudiar medicina, pero su preuniversitario era al campo, y el corte fue superior al de las escuelas vocacionales donde van los hijos de los dirigentes y los comunistas.

Por eso nada más le intereso y ante las múltiples necesidades tomó el camino de las otras.

Marie Eliana, tiene miedo enfermarse, le gusta leer y conoce lo que es el SIDA y otras enfermedades venéreas. No le gusta que le llamen puta, mejor jinetera.

Tampoco que sepan de donde es, por eso se enmascara detrás de unos espejuelos oscuros, y un pañuelo cubriéndose el pelo. Le han dicho que así no cazara ni a una mosca, pero ella insiste en disimular su verdadera identidad, y sigue esperando, porque está convencida de que tiene que seguir en la lucha, no hay otra oportunidad económica donde pueda enfrentar su realidad.

Susy, dice que no es su nombre, pero lo prefiere porque el verdadero no atrae. Se contonea y hace halago de sus gruesas piernas herencia de su abuela gallega.

Después afirma que está viva y es lo que vale. No piensa en lo que hace, si es moral o inmoral. No le importa si viene la policía o no, si la reconocen o le dicen puta. Se cansó de pasar hambre y necesidades, y dijo hasta aquí.

Algunas veces piensa en su mamá, que sería de la pobre si se entera en lo que anda, pero para olvidarlo se empastilla y a los dos segundos dejo de pensar, de todas formas, es la única posibilidad que le dan a los jóvenes no existe otra.

Quien escuche estos testimonios en voz de sus propios autores, se da a la duda, porque es increíble que el descalabro humano frise tan profundamente en los cerebros casi adolescentes de la parte más vulnerable de la población, la juventud.

Para ellos no existe otra cosa que no sea el dinero, y la posibilidad de salir del país, a cualquier precio, y así van de un lugar a otro sin importarles otra cosa que hacer el día.

El sol alumbra y calienta como nunca, pero, eso no le interesa a ninguna, a la hora de la cacería todas salen de casa de la patrona que tiene trabajando para ella a varios chulos, que muchos no alcanzan ni la mayoría de edad. Pero por un dólar matan hasta su madre, por eso si te sientas cerca de cualquier punto de captura, observas un paisaje enmarcado en el sálvese quien pueda.

También puedes disfrutar de varios perros callejeros que dejan sus orinas en los postes y las aceras, uno que otro cubano deambula en busca del pan nuestro, mientras desde los balcones muchos casi sin tapujes se abanican al son del aire que en este momento hace cabriolas sobre los viejos edificios.

Chucho el que apodan el cojo, desde que perdió una de sus piernas en Angola, como de costumbre espera sentado en el carcomido banco del parquecito la llegada del periódico, no para ser leído, sino para resolver el asunto sanitario ante la falta de divisas para comprar papel de baño, pero no se queja de la demora, porque mientras espera, conversa con los demás ancianos, que como él después de jubilados no tienen otra cosas que hacer que esperar la prensa escrita para el mismo uso, vender los cigarrillos de la cuota normada, o discutir sobre deporte, y alguna que otra vez sobre algo que este candente, porque ya de futuro nadie habla.

El lavado de cerebros, las ideologías impuestas, la falta de educación religiosa, las creencias de cualquier cosa, y la falta de identidad.

El libertinaje disfrazado de libertad, la ausencia de las cosas más necesarias o preciadas y otras concepciones sociales del totalitarismo, han logrado que la mayor parte de estos jóvenes vea la palabra jineterismo y extranjería, como el único lugar donde encontrar el eslabón perdido.

Y aunque la prostitución todavía es ilegal en Cuba, el gobierno la permite porque hace avanzar a la economía.

De esta manera, el gobierno admite que haya un mercado de ventas de mujeres, y así todos prosperan. Además, la policía se hace de la vista gorda cuando se encuentra con estas damitas por la calle.

A veces las jineteras pagan a los gendarmes para continuar trabajando con los extranjeros. De este modo, la policía perpetúa el jineterismo y algunos policías se pueden considerar chulos de muchas de ellas.

Este es un claro ejemplo de cómo la jinetera y el sistema trabajan en conjunto.

Pero nadie puede detener este flujo de muchachas dedicadas al sexo, que cambiaron de nombre, pero realmente no son más que las putas modernas, el reverso de la meretriz aventurera.

Si te das a la tarea de investigar realmente sus gustos fuera de las ganancias, es fácil deducir que a casi todas les gustan los cubanos y así lo dicen, que los nacionalistas son mejores en todo, hasta en la cama, pero en Cuba, los valientes, simpáticos y caballerosos hombres no llevan fulas en sus maltratados bolsillos y los yumas sí, por lo que si no se meten a chulos pasan a ser material desechable.

El extranjero llamado popularmente yuma representa billetes verdes con patriotas desconocidos en el altar de los mártires criollos, pero por ironías de un gobierno dictatorial, son más apreciados que los martises de a uno, los cheses de a tres, los maceos de a cinco, los máximos de a diez, los Cienfuegos de a veinte y los Calixtos de cincuenta, porque los de a cien posiblemente nunca los han visto.

Si uno analiza desde lo más profundo a esta manada por llamarla de alguna manera de muchachas deambulando sobre sus pantorrillas, en busca de vender sexo para poder paliar la economía que las corroe, sentiríamos pena, y hasta lastima, porque no tienen otro porvenir ni inmediato ni futuro.

Ninguna de ellas nació prostituta, ni eso viene como tara genética, muy por el contrario, los padres tratan de educar a los hijos dentro de los parámetros de la decencia, pero los sueños son una desgracia inherente a los seres humanos, muchas veces se trocan en dolorosas pesadillas.

Muchos piensan que ahora es que existe esta clase social dentro del país, y no es así. Todos sabemos que siempre hubo prostitución en Cuba, desde la colonia.

El negocio floreció a principios del siglo XX gracias al Kamasutra de las rameras francesitas, como aquella legendaria Rachel. Pero la historia del bayuseo cubiche se conoce suficientemente, no así la del jineterismo socialista, que es un misterioso claroscuro en la semántica surgida con el castrismo. Lógicamente, en sus inicios la revolución del 59 abolió el sexo-servicio (burdel, chulo y meretriz), considerado lacra burguesa, a la par que perseguía a las putas, proxenetas y homosexuales. Y prueba de ello es que existió la UMAP, y el inmenso exilio de los 80. Todos expulsados de su país como escorias.

En Cuba no es extraño que la prostitución opere en equipo y sea parte de  muchas parejas que ponen la supervivencia por encima de todo y hacen las concesiones necesarias para subsistir en el difícil escenario que le reservó la revolución. Inclusive, la de admitir tranquilamente que uno de los dos, o ambos, se prostituya como medio de vida. ego o negociación de las parejas.

En los días de temporada alta del turismo, la calle se convierte para muchas chicas en el campo de batalla.

Patrullan las principales avenidas de La Habana, a la caza de un turista que pueda satisfacer sus necesidades más inmediatas, que van desde comida o productos de aseo, hasta la posibilidad de sacarlas del país. Algunas "piensan en grande" y tienen como ídolos a célebres actrices porno muy conocidas ya en la Isla. Y es que el incipiente porno "made incuba" gana terreno aquí desde hace tiempo.

Bajo este mismo escenario, descubrimos también a chicos, de cacería por los principales mercados de sexo de la ciudad, marcando como lobos solitarios su territorio.

Los portales del cine Payret y del Tribunal Popular Provincial de La Habana, los portales del Bar San Juan, el Club de Ajedrez Capa blanca, El Colmao, el edificio Residencias Canteras, la pastelería La Francesa y las cafeterías Piropo e Infanta.cu, son algunos de los lugares donde es fácil encontrar a estos varones en busca de clientes.

Los del oriente y de algunas zonas del centro de la Isla tienen fama de ser los más atrevidos y complacientes.

Para algunos la ruta comienza en los residuos del conocido bar de las Viejas Tristes, en Prado y Teniente Rey, pero se deslizan a lugares como el Parque Central, el Parque de la Fraternidad, la Isla del Golfo, en 23 y Malecón, los laterales del hospital Calixto García, la Potajera o el Parque Jurásico, frente a la terminal de ómnibus interprovinciales, y los portales del Palacio Central de Computación, en Reina y Águila.

Estos lugares resultan fáciles de encontrar para el turista, pues hay toda una cadena de comunicación en la cual participan desde el guía oficial de turismo, el maletero y algún agente de seguridad del hotel, hasta empleados y dueños de restaurantes privados, que trabajan en coordinación con los dueños de las casas de citas. Pudiéramos afirmar que son como una mafia organizada, todos para lucro personal.

Y no piensen que las unicas prostituidas son las jovencitas, aquí se ve de todo como en botica, y se sabe qué hace tiempo que en Cuba muchas menores de edad se prostituyen. Casi siempre alentadas por sus propios familiares.

Ya este caso es más selectivo, estas niñas jineteras son propuestas a turistas españoles o italianos.

Para esto están los chulos caribeños que, como una epidemia de pederastas foráneos convertidos en cazadores de turistas con billetes, con mucha maestría les hacen la propuesta de chicas vírgenes de 13 y 14 años, por una cantidad muy superior a lo que pagan por las de más edad. Mas menos por 50 dólares por encima de la tarifa, se pueden llevar a la cama a una niña con cuerpo de mujer maquillada en exceso y los labios pintados de un rojo purpura con el fin de seducir.

Toda esta situación tan real como la vida misma, es terrible a los ojos de los ancianos de otra época, saben lo que sucede, pero nadie dice nada. Muchos se sientan cerca de las áreas de caza para ver todo lo que sucede, y reafirmar una vez más el deterioro espiritual juvenil que avanza vertiginosamente sobre la sociedad cubana.

A pesar de que hace buen rato dejo de llover el viento sigue fuerte, casi ya es una ventolera, y así lo grita Pepita la que tiene un tinglado de venta en la Catedral porque el aire le voló algunas baratijas que sacó al aire a ver si alguien que pasara se las comprara y así completar lo que le falta para pagar la luz del mes.

Pepita es una mulata de mediana edad, que no ha podido lograr entrar en el negocio del jineterismo, pues ya no posee el brillo de la juventud que enloquece a los turistas. Por lo que no le queda más remedio que volverse merolica, que es lo mismo que vendedora ambulante, y así lograr ganar algunos centavos.

Los vecinos lo saben, y la compadecen, porque hasta la han visto renegando de la edad, y muchas veces quiere morir, porque por su sexo nadie da nada.

Joseíto un medio tiempo mutilado de la guerra de Angola, sin oficio ni beneficio, sin más distracción que permanecer sentado sobre su silla de ruedas, al tanto de lo que pasa. Le dice para molestarla y reírse un poco.

-¡Todo indica que tendremos mal tiempo! –

Pepita al escucharlo le grita pájaro de mal agüero, y blasfema hasta de su madre. Después coge una escoba y comienza a hacer cruces para el cielo para que se lleve la turbonada que anuncia el viento y las nubes negras y encapotadas. Todo envuelto en la peor de las iras, y es que así están los cubanos que por cualquier cosa se vuelan y hasta bajan a los santos y a los muertos, depende hasta donde les suba la rabia, y la impotencia.

Carmelina  la jabá sobrina de Pepita lo secunda respondiéndole que es cierto lo que dice del mal tiempo, el fuerte viento lo está anunciando, por lo que habrá que protegerse de las penetraciones del mar. Pero Pepita ni la oye, porque su asunto es vender, y si llueve no puede hacerlo, por eso siguiendo el consejo que le daba su abuela continua con  la escoba en medio de la calle haciendo cruces para que se desintegre el terremoto de agua que está por caer. Junto a ellos esta su hija Matilde que, aunque es joven no puede dedicarse al oficio de moda.  pues sufrió un accidente y su pierna derecha quedó deformada, además la vida ha sido con ella muy despiadada, y tampoco le dio belleza, ni cuerpo, cosas muy importantes entre las nuevas generaciones.

Aun así, hace todo lo posible por ganarse la vida como puede junto a la madre  y cuando no le queda arroz de la cuota normada, ni chícharos o cigarros que vender, saca los dones de cartomántica  de la difunta abuela y los pone a la venta para ir "tirando" como dice ella.

La economía en la isla está pésima, es la constante que murmuran todos, pero esto solamente le interesa a unos cuantos, porque a un buen grupo de muchachas que deambulan precisamente por esta zona y a esta hora nada de eso les interesa y continúan paseándose indiferentes, porque lo de ellas es hacer el día con los tíos o los Pepes, o cualquier individuo que salga o entre en un auto rentado o a pie, lo importante es que sea de otro lugar del continente y tenga el bolsillo dispuesto y con divisas.

Estas muchachas a las que me refiero no padecen de la rabia de Pepita, ni su hija, porque todo lo tienen asegurado con sus cuerpos, por eso es que a este horario son el punto focal de zona tan habitada por turistas y hombres de negocio. Los que vienen desde diferentes países del mundo a hacer maravillas en el nuestro y a comprar baratijas humanas.

Entre las mulatas de salir como dicen los cubanos, las blancas y las negras como el ébano, que después del invento de las trencitas artificiales lucen más sexy y llamativas, se encuentra gran parte de la juventud cubana, las que sin el menor pudor tratan de imponer ante los anhelantes y codiciosos ojos del turista, sus cuerpos esculpidos a mano, por lo que caminan de un lado a otro de la avenida, moviendo sus glúteos al compás de la mochila, que como giba inseparable se ha puesto de moda junto a la minifalda y los zapatones en forma de zancos.

Así se les ve contoneando las caderas con el rostro apacible y diabólico a la vez, donde a simple vista se puede divisar la inquisidora mirada, tras el exceso de pintura, tan impropio para la hora de la tarde, por lo que conforman una estampa sui generis ante el deseo que provocan.

Muchas traen una parte de los senos al aire libre, haciéndole un gracioso conjunto con las nalgas, que también casi siempre van de igual forma, por lo corto del vestido o de la saya.

Pero ellas lo saben y no se apenan, porque lo planificaron muy bien para que estuvieran en la línea de la clásica exigencia de un oficio tan viejo de "Quien no muestre o propone no vende" como dice el refrán, por eso ellas con su constante tono triunfal creen que tienen todo muy bien repartido para evitar la quiebra.

En varias esquinas de los hoteles Meliá Cohíba y Riviera, así como en el CUPET de 1ra y Malecón o cualquier punto turístico de la Habana, se ven a diferentes hombres moviéndose inquietos, por lo que tienen motivo suficiente y que conste, pues las jovencitas son lindísimas y sus ropas tan escasas y de color negro que lucen mucho más tentadoras.

Entonces sin pensarlo estos turistas o negociantes van a la carga, sin que medien aquellas dulces palabras que usaban los galanes para elogiar la belleza femenina o mostrarse caballerosos ante una dama, y si alguno tomando en cuenta la galantería, se atreve a utilizarla, solamente logra la burla, porque ellas no soportan a los amantes a la antigua, todos tienen que ser directos ,al pulmón y con el verde por delate y nada de tarjetica de crédito, todo en papelitos y con cifras bien altas.

A estos tipos les corre la soez como culebra venenosa, mientras las muchachas permanecen indiferentes pero complacidas. Y con mucha sutileza las duchas en materia de caza les enseñan a las aprendices, que a los pobretones no se les hace caso y sí el hombre no tiene suficientes fulas, nada de aquello.

Mientras esto ocurre los cazadores de carne humana, para que la caza sea fructífera, se recuestan a cualquier barra o esquina y con disimulo muestran sus billetes al por mayor y quién observe este espectáculo ve como inmediatamente caen mansitas en los brazos del pecado.

Aunque muchas tienen que, para aceptar la propuesta sexual, esperar por el proxeneta que las representa, defiende y explota, el que, emboscado tras la primera esquina, o también disimulando en la barra del bar, va analizando minuciosamente "a quién sí, y a quién no", y si por casualidad la muchacha se la quiere dar de lista ya ustedes saben lo que les viene encima.

Muchas han sido asesinadas por no declarar lo que ganaron en el día. Como le sucedió a Lucy la oriental, que no informó las ganancias y el chulo la apuñaló a la orilla del muro del Malecón, aunque eso como todo lo demás no se anunció por la prensa oficialista, solamente corrió como todo lo demás de boca en boca y de chisme en chisme entre los presentes, y los ausentes que se interesaron por el caso.

Lo cierto es que en menos de unos minutos aquellas calles del vedado y la Habana vieja se quedan desiertas, y no es una exageración que pueda parecer pura ficción, es un espectáculo tan real como lo es el día y la noche.

Los ves aparecer a pie o en taxi, y en un dos por tres las toman por el talle y allá van sin pensarlo a ganarse la vida con el sudor de sus entrepiernas.

Pero esto no se queda así, muchas veces después vienen los enlaces repentinos con otras situaciones similares, y luego los desenlaces y muchos cálculos, porque todo está dentro de la encerrona, y sometidos al gran peligro de la contaminación conceptual.

Ellas saben que con apenas unas gotas de la maligna sustancia van a parar al sanatorio del SIDA, o a la morgue de cara al cielo, pero no les importa, porque lo que vale es disfrutar el presente, el pasado siempre es lo mismo, dicen.

Las que por casualidad no consiguen a extranjeros por ser menos agraciadas, o porque ese día son muchas y pocos los cazadores, entonces para no perder el día se van para las carreteras centrales, o algunas esquinas de la Habana vieja, y allí se ponen a la caza de camioneros o nacionales que por unos kilos los llevan a la luna y los bajan a la tierra más pelados que un plátano.

Es difícil y triste a la vez, aceptar que nuestra juventud se corrompa de tal forma y entregue sus cuerpos por una ínfima suma de dólares, o dinero nacional y expuestas a cualquier enfermedad o sobredosis de estupefacientes.

A muchas las han vuelto adictas a diferentes sustancias y se las traen del extranjero sin importarles su salud o las consecuencias, lo importante para muchos es disfrutar a plenitud sus vacaciones y en compañía humana con sexo barato.

En una encuesta realizada a más de cien muchachas dedicadas a la venta de sexo, se pudo comprobar que no todas lo hacen por la necesidad económica que invade sus hogares.

Algunas se han acostumbrado a la vida fácil y han sacado la cuenta que sin dólares no pueden satisfacer sus necesidades, ni gustos juveniles, por lo que han perdido los escrúpulos y las tradiciones morales., y se entregan al descrédito tan sólo por satisfacer la parte material, aunque la espiritual permanezca ausente

Por lo que no les importa entregarse al primer viejo verde que venga hasta de la Conchinchina, lo importante es qué tenga suficiente dinero para asegurarles el presente y el futuro inmediato de ella y la familia.

A otras lo que les interesa es poder salir del país, e irse a otro lugar con mejor futuro. No importa que, a servir de doméstica, a integrar la prostitución organizada, o a perder los ojos como le sucedió a la hija de Carmelo Mesa, una muchacha de veinte años que la utilizaron en Italia para un trasplante de órganos visuales.

Lo importante para ellas es salir de Cuba, huir de la calamidad y el desespero que somete al pueblo. Viajar y enviar fotos de cualquier lugar, que no sea su tierra maldecida, como muchas afirman, o porque simplemente piensan que de esa forma se salvan o adquieren otro escalón más alto en la vanidad humana y eso es lo importante para el ego de alguna de estas jovencitas.

Un buen número de ellas me comentó en la encuesta, que también lo hacían por calmar el hambre que las llevaba al desequilibrio mental, por eso era preferible tomar esta carrera de la vida tan de moda en esos momentos, pero tan vieja en la historia de la humanidad.

Se conoció además que muchas de estas muchachas que cruzan como grandes manadas sobre las calles del Vedado en Ciudad de la Habana han sido vendidas por sus padres y esposos a individuos inescrupulosos de Canadá, Italia y otros países europeos, con el fin de prostituirlas y sacarles todo el zumo que tienen.

Otras han servido de material de estudio en casas de citas en la propia Habana y en hoteles 5 Estrellas en cuadros pornográficos y depravaciones sexuales por algunas divisas, las que apenas les alcanza para enfrentar la fuerte crisis económica que atraviesan ni siquiera sus expectativas.

Se ha proliferado tanto esta profesión en la Cuba de hoy, y marcado por la forma de vestir, que cuando ven a una jovencita cubana con zancos y minifalda piensan que está dedicada al jineterismo.

La cuestión es que nuestra actual sociedad cubana se ha degradado tanto, que sentimos vergüenza al escuchar por boca de casi todo el turista que viene de vacaciones a nuestro país, que lo visita no por las bellezas naturales que pueda encontrar, sino por las bellezas humanas y a bajo precio y que son tan, pero tan baratas y complacientes que se exponen a lo que sea, como sea y con quién sea, por cualquier pacotilla que las haga lucir a la moda o calentarles el desnutrido estómago.

Hay turistas que han comentado que en su paquete de viaje ponen un frasco de agua de colonia, de cualquier marca en inglés, un blúmer o un vestido de moda que tenga el sello de cualquier modisto extranjero de fama o no, y eso solamente les sirve de tarjeta de presentación para el sexo asegurado de todo el tiempo que estén en la isla. Todo este mejunje de venta de sexo, que ha tomado un furor increíble se lo podemos agradecer al mismo sistema que impera en la isla, pues cuando en los noventa, con la caída de la Unión Soviética, Cuba tuvo que buscar un modo diferente para conseguir fondos para el país y reconstruir la economía con el turismo.

Ahí es donde comenzó la nueva forma de prostitución al aire libre como dicen muchos,

Es una situación triste, pero para muchos de los cubanos, comenzando por la juventud no hay otra manera de sobrevivir.

Pero todo no es tan sublime como muchos lo imaginan. Y aunque sabemos que la policía se ha metido en el negocio, al gobierno no le conviene ese lastre que invade a la opinión pública internacional, con el eslogan de que las prostitutas cubanas son las más baratas del mundo. Por lo que han tenido que tomar cartas en el asunto, con el objetivo de calmar el descredito, por eso  como todo, las hay con suerte y otras que frisan las cifras de las prisioneras por delito de peligrosidad social. Y prueba de ello lo hemos comprobado en la cantidad de cientos de mujeres jóvenes condenadas en ciudad de la Habana de modo injusto y arbitrario con penas de privación de libertad hasta por cuatro años y más. Existe un departamento llamado "Lacra Social", del ministerio del interior, que  se dedica a la pesca de chicas en la calle, por lo general, negras, humildes y sin influencias que las amparen; las arrestan y conducen para "Villa Delicia" (prisión depósito donde las ubican en espera de sanción), en cuestión de pocos días las procesan en juicios sumarios y luego las confinan en los

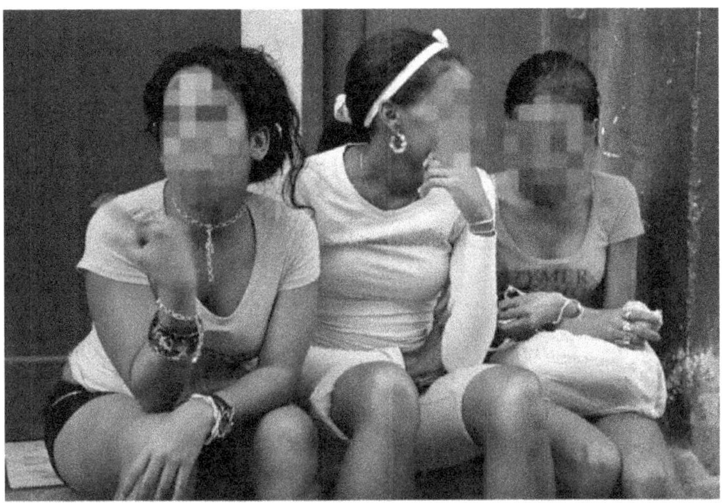

Centros de Detención y Rehabilitación de Prostitutas.

El arresto en la vía pública de muchachas se debe, entre otras razones, por vestir ropas cortas y ajustadas al cuerpo, visitar centros de consumo en moneda convertible, andar solas o sin la compañía de hombres y merodear las cercanías de lugares turísticos. En ocasiones, los del "Lacra" utilizan de señuelo supuestos extranjeros que abordan a las víctimas, entablan cualquier conversación con ellas y, acto seguido, agentes de civil las detienen por "asedio a turistas".

Es frecuente que los oficiales negocien con las detenidas posibles soluciones para dejarlas en libertad.

Las opciones consisten en propuestas sexuales o el pago de sumas de dinero, entre 100 y 150 dólares. A quienes se niegan a tener sexo bajo coacción o a pagar el soborno exigido, las instruyen de cargos o las obligan a firmar cartas de advertencias que representan pruebas incriminatorias a la hora de procesarlas.

Las recluidas en Villa Delicia son presentadas en los tribunales pocos días después del arresto y sometidas a procesos judiciales carentes de las debidas garantías.

La Fiscalía basa sus condenas en informes relacionados con conducta social inadecuada de las encauzadas, elaborados por las "comisiones de prevención" (integradas por el jefe de sector de la policía y los factores de la comunidad).

Resulta difícil encontrar abogados con disposición de asumir el rol de la defensa en esas situaciones, pues como es conocido la acusación en los casos de "peligrosidad social" responde a una política represiva del gobierno dirigida a encarcelar en masas y no hay posibilidad de modificar la sentencia concebida con anterioridad a la celebración de la vista oral.

En la Habana existen dos Centros de Detención y Rehabilitación de Prostitutas,

"Flor de Cuba" y "La Flora", ubicados en la periferia de Güira de Melena y Alquizar respectivamente. Ambos albergan una población penal por encima de sus capacidades. Las precarias condiciones y el rigor disciplinario en esas cárceles adoptan formas de trato cruel, inhumano y degradante.

Las reclusas son confinadas en barracas construidas con paredes de bloques y techos de fibras de asbesto cemento, que desprenden un frío intenso en el invierno y un calor excesivo durante el verano, provistas de turcos tipo letrinas como instalaciones sanitarias, y alambradas de púas en los perímetros.

La alimentación que les brindan no satisface los requisitos mínimos para garantizar la conservación de la salud; la comida es escasa, mal elaborada y sin valor nutritivo, solo les aportan proteínas en dos ocasiones al mes. Todo como castigo.

Las obligan a realizar trabajos forzados, nocivos para la salud, en actividades agrícolas durante ocho horas diarias y sin remuneración económica. No disponen de programas recreativos para pasar el tiempo de ocio. Son tratadas como animales.

El contacto con el mundo exterior consiste en una visita familiar de tres horas quincenales, y la asignación de un pase de dos días al mes, condicionado al cumplimiento del férreo régimen establecido, así como a la acumulación de horas extras de trabajo voluntario.

Además, no tienen autorizadas visitas conyugales y, por tanto, carecen de la posibilidad de algún tiempo de intimidad con sus parejas.

Los carceleros de ambos sexos acostumbran a provocarlas y ofenderlas constantemente y cuando protestan adoptan medidas de castigo que incluyen la suspensión del pase o la visita y hasta la perdida de beneficios como la libertad condicional.

En la actualidad el número de presas es alrededor de tres cientos en cada una de esas prisiones y conviven hacinadas por lo reducido del espacio.

El agua disponible tiene muy mala calidad y genera frecuentes brotes de enfermedades como: cuadros diarreicos, infecciones vaginales, parasitismos, y dermatitis. También corren el riesgo de contraer otras enfermedades transmisibles por la pésima higiene y la proliferación de vectores en esos lugares, sin olvidar los famosos piojos, que no tienen como evitarlos.

El cuidado de la salud de las que enferman no está garantizado, en ese sentido, los puestos médicos de los penales carecen de equipos elementales y de medicamentos básicos para ofrecerles una asistencia médica adecuada.

Muchas de estas mujeres detenidas no son prostitutas, pero simplemente porque se les antoje a los represores, o la quieran vincular con cualquier hecho que necesiten para ejemplarizar las detienen y las sancionan injustamente, aunque sean inocentes de los cargos.

Muchos ejemplos se pudieran citar, porque es una realidad viva y quemante, y muchos cubanos saben que es así, porque les ha sucedido, o porque saben de estos hechos, pero la lista a narrar sería demasiado extensa por todas estas razones el miedo subyuga la vida de gran cantidad de mujeres en la Capital Habanera y otras provincias del país, incluso algunas se cohíben de salir de sus hogares para no ser arrestadas sin motivos.

Mientras, se rumora que obreros de la construcción tienen la tarea de trabajar arduamente para entregar, a lo máximo en tres meses, una nueva prisión en el poblado de Calderón, carretera de Alquizar, con capacidad para miles de encauzadas por peligrosidad.

Las autoridades coloniales jamás imaginaron que los portales de edificios y viviendas de La Habana extramuros, construcción obligatoria para proteger a los transeúntes del sol, lluvia y rocío nocturno tendrían otro uso. Ahora han pasado a ser los portales o las esquinas del pecado.

Curiosamente existe el comercio de las jineteras, pero no el de homosexuales, o travestis con intermediarios.

Estos han encontrado su espacio en la avenida del Mulecón, la heladería Coopelia, y otros lugares de la capital, aunque a veces la policía les hace pasar sus sofocones.

Después de estas medidas represivas, el acoso y las detenciones ya no ves a ninguna jinetera en los portales. O las esquinas esperando el punto. Mucho menos en los alrededores de los Bares u Hoteles donde la mayoría se hospeda.

Ahora está el intermediario. Y el guardián de este, que buscan al turista, se acerca, y le pregunta:

- ¿Buscas chica? Las hay buenas, bonitas y baratas. -

Los que aceptan se les explican los precios, para una hora de alquiler, o más, la cantidad que hay que abonarle a la jinetera, y cuánto al tercero y al segundo pues trabajan de dos en dos.

Los que aceptan se van acercando de forma cuidadosa donde están las presas, escogen según gustos y provocaciones, porque para eso son expertas, lo mismo te miran de arriba abajo comiéndote con los ojos, que se muerden los labios, que expiden bocanadas de humo, y allá van decididas a trabajar incansablemente para poder ganar más.

Sin mucha demora se dirigen a la habitación improvisada  para el trabajo sexual, que algunas personas como negocio han preparado para estas citas y a espalda de los policías dentro de sus hogares, con fachada de casa familiar, y dentro el cuarto a veces bien acondicionado, con venta de bebidas alcohólicas, y otras sin las más mínimas condiciones.

Mientras que en la parte de afuera dos forzudos guardianes aplicarán llaves y retorcerán brazos a quien pretenda extralimitarse o no pagar.

Existe un secreto comercio después de las once de la noche que se paga en moneda nacional. Si antes no encuentras nada. se estacionan estas mujeres bonitas de diferentes edades y razas. Se dan al acoso y se acercan a los hombres cubanos y los invitan "a pasar un buen rato". ellos sabían qué hacían ellas allí y a qué iban a esa hora. Por eso se acercaban sin temor, y aceptaban, aunque es un oficio fácil de reconocer por la forma de caminar, faldas muy cortas, ropas apretadas, colores intensos en labios, cejas, pestañas.

Se presentaban y ajustaban el precio con pocas palabras.

La acompañabas al cuarto cercano y pagaban el alquiler y pasaban un buen rato

Por supuesto todo esto velando a la policía porque si aparecían y los cogían en eso, el problema era grave.

Desgraciadamente el jineterismo es un mal sin cura, que nos apena muchísimo, porque nacen, y crecen sin solución para sus amargadas y frustradas vidas, la única aspiración que tienen yo diría que todos es emigrar, fundamentalmente a Estados Unidos, aunque los cambios de la política migratoria han obligado a los cubanos a encontrar vías más difíciles, costosas y peligrosas. Y prueba de ello lo es la cantidad de muertos que yacen en el golfo y otros lugares de ese inmenso mar que nos divide. Y es de comprender esta situación porque la razón para ello es simple: se resisten a tener la maltrecha calidad de vida que conocen desde que nacieron y a echar sus mejores años en una vivienda compartida por varias generaciones, carcomidas y desvencijadas, muchas de estas viviendas sin puerta, ni espacio.

Por eso durante muchos años los jóvenes consideraron inútiles los estudios universitarios. Ahora, esa tendencia se ha reducido, porque un título puede abrir oportunidades en otros países, nuevas posibilidades que se complementan con el aprendizaje de idiomas, principalmente inglés, y eso es una ventaja que los llena de esperanzas.

La otra vía es el matrimonio para la reclamación de reunificación.

Hay una gran mayoría de profesionales, que se van a cualquier país a cumplir con una misión, pero no por conciencia, sino en busca de poder cruzar y pedir asilo.

Y esto se ve con mucha frecuencia, contingentes completos de deportistas, y personal de la salud, entre ellos médicos que no regresan, se quedan y prefieren trabajar en cualquier puesto de trabajo de mano de obra barata que ser profesionales en un país lleno de contradicciones, totalitario y donde el futuro no existe.

En conclusión, el sistema de las jineteras es muy complicado y tiene una historia con vínculos económicos, políticos y culturales. Es una situación triste, pero para muchos de los cubanos no hay otra manera de sobrevivir.

Nuestro vino es agrio, pero es nuestro vino, aunque sepamos que  no hay nada más terrible que el frío, el hambre y la perdida de los valores.

www.ingramcontent.com/pod-product-compliance
Lightning Source LLC
Chambersburg PA
CBHW071537150726
48000CB00002B/830